Geschrieben von **Thomas Feibel**, mit Bildern von **Sebastian Coenen**

FACEBOOK TWITTER & Co.

EXPLORER

Alles, was du wissen willst!

CARLSEN

Inhalt

Soziale Netzwerke: eine Zeitleiste (Auswahl)

1995	1996	1997	1998	1999	2000	2001	2002	2003
Classmates.com						Jappy		LinkedIn
								MySpace
								Xing

ctrl

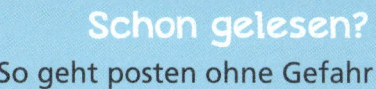

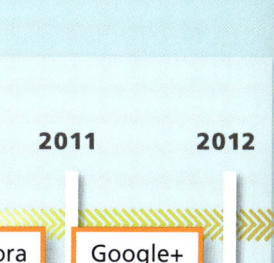

2004	2005	2006	2007	2008	2009	2010	2011	2012
Orkut	StudiVZ	Twitter	SchülerVZ	Mein VZ		Diaspora	Google+	
Facebook	Bebo	Wer kennt wen				Pinterest		

3

Bis die Nadel glüht

Zwei Freunde, eine Wette und viele Facebook-Fans

Donnerstag, 18:30 Uhr

Uff. Eddi ist mit seinen Nerven echt am Ende. Jetzt häkelt er schon seit Stunden an dieser dämlichen Mütze herum. Nur weil er es Karo mal so richtig zeigen wollte, ist er überhaupt auf diese verrückte Wette eingegangen: Wer von ihnen zuerst eine Mütze fertig hat, ist Sieger. Ihre Regeln lauten: Gehäkelt wird nur nach Schulschluss. Keiner darf helfen. Jeden Abend um Punkt sieben Uhr müssen beide ein Beweisfoto posten, um zu zeigen, wie viel sie bis dahin geschafft haben. Eddi und Karo sind mittlerweile auf Facebook mit der ganzen Klasse befreundet, alle verfolgen das Spektakel und fast alle klicken täglich auf „gefällt mir". Manche schreiben blöde Kommentare darunter, aber die meisten ermutigen die beiden. Und jede Reaktion macht Facebook-Freunde von Eddis und Karos Freunden und deren Freunde auf die Aktion aufmerksam. Um den Wettbewerb direkt verfolgen zu können, schicken sie Eddi und Karo Freundschaftsanfragen, die beiden nehmen die Anfragen an, und so bekommen sie immer mehr Kontakte. Am Ende können sich Eddi und Karo vor Freunden kaum noch retten. Über 1000 Fans verfolgen jetzt die Wette. Karo ist zwar die klare Häkel-Siegerin, aber dafür punktet Eddi mit den meisten Likes (Gefällt-mir-Angaben) von Fans. Und das sind fast ausschließlich Mädchen, die alle nur das eine wollen: eine eigene, von Eddi gehäkelte Mütze. Uff.

Eddi! Häkel für uns!

4

„Sie wollen die große Öffentlichkeit"

Ein Gespräch mit dem berühmten Glasfaserkabel TAT-14

TAT-14 ist die Abkürzung für Trans Atlantic Telephonecable Nr. 14. Das Kabel ist 15 000 Kilometer lang und verbindet seit 2001 Europa und Amerika unter Wasser miteinander. Es herzustellen und zu verlegen hat etwa zweieinhalb Jahre gedauert. TAT-14 gilt als scheu und lebt zurückgezogen.

Explorer: Vielen Dank, dass Sie sich Zeit für uns nehmen. Haben Sie die Wette von Karo und Eddi mitbekommen?

TAT-14: Natürlich. Mit jeder Faser sozusagen.

Explorer: Warum machen die beiden das über Facebook?

TAT-14: Nun, ich bin zwar kein Psychologe, aber wer wie ich seit Jahren auf dem Meeresgrund liegt und Milliarden und Abermilliarden von Posts in Form von Daten überträgt, und das – wie ich vielleicht hinzufügen darf – extrem schnell, der kann sich das eine oder andere zusammenreimen. Eddi und Karo wollen die große Öffentlichkeit.

Explorer: Aha. Und wozu?

TAT-14: Das hat nach meiner bescheidenen Meinung etwas mit Ruhm und Anerkennung zu tun. Möglichst viele Freunde zu haben, die auf die Wette reagieren, ihnen gratulieren und sie anfeuern, spornt sie wohl an. Offenbar genießen sie die Aufmerksamkeit und ihre neue Bekanntheit. Je mehr Facebook-Freunde sie hatten, desto mehr haben die beiden gepostet.

Explorer: Sie sprechen von Freunden. Sind soziale Netzwerke also Gemeinschaften?

TAT-14: Das nehme ich an. Mehr kann ich dazu nicht sagen, ich bin ja Single. Schon bei dem Gedanken, dass sich jemand länger in meiner Nähe aufhalten könnte, stellen sich mir alle Fasern hoch!

Explorer: Wir danken für das Gespräch.

Sagen Sie mir die Wahrheit, Schnuppowitz

Ein Detektiv berichtet über Facebook

Mein Name ist Schnuppowitz. Bin Detektiv. Eines Tages betrat Frau L. mein Büro. Groß, blond, Pelzmantel, dicke Klunker. „Bruno verheimlicht mir was, ich mach mir solche Sorgen um ihn", meinte sie. Wieder mal eine dieser überbesorgten Frauen, dachte ich. Nahm den Fall dennoch an. Erledigte meine Arbeit und nach einer Woche kam Frau L. zur Besprechung in mein Büro.
„Ich hoffe, Sie sind Ihr Geld wert, Schnuppowitz", sagte sie schnippisch. Warf ihr meine Ermittlungsmappe hin. Gleich würde sie anfangen zu heulen. Das passierte immer. „Sie müssen jetzt sehr stark sein. Lady: Ihr Bruno ist bei Facebook."

„Das ist ja grauenvoll!", stieß sie aus, flennte wie erwartet los, hielt dann aber auf einmal inne. „Aber, äh, was ist **Facebook**?"
„Habe meine Hausaufgabe gemacht." Nahm meine Mappe und blätterte darin. „Facebook ist ein soziales Netzwerk. Es besteht seit **2004**. **Mark Zuckerberg** hat es zusammen mit Freunden entwickelt. Der Typ war damals gerade mal 20 Jahre alt – stellen Sie sich das mal vor, Lady. Heute ist er Milliardär und hat rund 18 Millionen Facebook-Freunde." Sie sah verwirrt aus.
„Facebook-Freunde?"
„Ja, aber beginnen wir von vorn. Sie haben vermutlich auch Freunde, eine Familie und

andere Menschen, mit denen Sie sich unterhalten, verabreden, die Sie vielleicht auch mal um Rat fragen, Sie wissen schon. Das sind Gemeinschaften. Im Internet schließen sich Menschen schneller zu Gemeinschaften – und nichts anderes sind soziale Netzwerke – zusammen, weil das Internet zu jeder Zeit und auf jede Entfernung zur Verfügung steht."

„Gemeinschaften?", kreischte sie. „Etwa mit Fremden? In was für eine Gesellschaft ist er da bloß geraten?"

„In eine Gesellschaft von über **einer Milliarde Menschen**. Denn so viele Mitglieder hat Facebook. Damit ist es das **erfolgreichste und beliebteste soziale Netzwerk** weltweit. Zuckerberg hängt sogar erfolgreiche Konkurrenten wie Google+ oder Twitter ab, und zwar meilenweit."

„Was wollen die ganzen Leute denn da?" Sie schniefte in ein Taschentuch. „Haben Sie vielleicht ein Kaugummi für mich?"

„Sorry, hab's mir abgewöhnt. Facebook-Mitglieder können mit ihren Facebook-Freunden **mailen**, **über Video telefonieren**, **chatten** und **Online-Spiele spielen**", ratterte ich herunter.

„Und was will dieses Facebook von ihm? Geld? Er ist doch arm wie eine Kirchenmaus."

„Keine Sorge", brummte ich. „Jeder kann Facebook **kostenlos** nutzen. Das Unternehmen verdient das meiste Geld durch Werbung."

„Kostenlos? Und wo ist der Haken?"

„Facebook schützt die Daten der Nutzer nicht genügend. So zumindest eine häufige Kritik. Was Bruno bei Facebook über sich verrät, lässt sich jedenfalls kaum mehr löschen. Er muss auf seine Daten aufpassen."

„Äh, Daten?", fragte sie.

„Alle Informationen über ihn selbst, angefangen bei seinem Namen, seinem Geburtsdatum, seiner Adresse und seiner Telefon- oder Handynummer bis hin zu seinen Hobbys und den Angaben darüber, was er mag oder nicht mag", erklärte ich, machte eine eindrucksvolle Pause und mahnte: „Ihr Sohn sollte **vorsichtig mit den eigenen Daten umgehen**. Darüber sollten Sie unbedingt mit ihm sprechen."

„Sohn?", jammerte sie. „Bruno ist mein Opa."

Mark Zuckerberg

Daumen HoCH!

Was an sozialen Netzwerken toll ist

☺ Fast jeden Tag stellt Eddi ein neues Foto von sich auf seine Facebook-Seite. Mal ist er darauf ernst, mal lustig, mal frech, seit neuestem zeigt er sich auch mal mit selbstgehäkelter Mütze und mal ohne. Auf jeden Fall immer anders. Es macht ihm Spaß, so wandelbar zu sein und zu sehen, wie er damit auf andere wirkt.

☺ Ellis letzte Mathearbeit fiel katastrophal aus: „5! Weltuntergang", postete sie. Viele Facebook-Freunde haben ihr tröstende Kommentare geschrieben. Sie fand es beruhigend, dass es anderen auch mal so ging, und auch, dass sie ihren Facebook-Freunden so wichtig ist. Mit ihrer besten Freundin hat sie aber dann trotzdem noch stundenlang telefoniert.

☺ Karo schreibt gern lustige Posts und stellt witzige Bilder auf ihre Facebook-Seite, zum Beispiel von ihrem verfressenen Kaninchen, das alles anknabbert, was es nur kriegen kann. Ihre Facebook-Freunde geben dazu witzige Kommentare ab. Das ist dann fast so, als wären sie gerade dabei gewesen.

☺ Akins Vater lebt nun schon seit einem Jahr in Amsterdam. Über Facebook sieht Akin die Fotos aus der neuen Stadt und die Postings dazu. Dann fühlt sich Akin seinem Vater nah – trotz der vielen Kilometer, die zwischen ihnen liegen. Akin und sein Vater können sich jederzeit bei Facebook einloggen und sehen, was der andere gepostet hat. Soziale Netzwerke sind 24 Stunden am Tag geöffnet und können weite Entfernungen überbrücken. Jedenfalls ein bisschen.

☺ Leilas Klasse will mit dem Bus nach Paris fahren. Sie haben extra eine eigene Facebook-Gruppe gegründet, um vorher noch mal die wichtigsten Punkte (Ausweis, Geld, Essen) zu besprechen. Wer Bescheid weiß, kann Rückfragen beantworten. So sind alle auf einem Stand.

Daumen RUNTER!

Was an sozialen Netzwerken nicht so toll ist

☹ Otto, einer von Karos Facebook-Freunden, hat ein blödes Foto von Karo gepostet. Karo kann das Bild nicht löschen, das kann nur derjenige, der es hochgeladen hat. Also Otto. Aber selbst wenn er das tut: Ottos und Karos Facebook-Freunde haben das Bild und die damit verbundene Kränkung längst gesehen. Das lässt sich selbst durch Löschen nicht mehr aus der Welt schaffen.

Über Facebook bekommt Robin die ganze Vorfreude seiner Klasse mit. Dadurch fühlt er sich besonders ausgeschlossen.

☹ Robins Klasse hat bei Facebook eine Gruppe gegründet und der Angeber Jake hat alle aus der Gruppe zu einer Verkleidungsparty eingeladen. Alle außer Robin. Der muss nun lesen, wie sie sich auf die Party vorbereiten und was sie mitbringen. Facebook kann auch dazu benutzt werden, andere auszuschließen.

☹ Eine von Leilas Freundinnen behauptet auf Facebook, Leila wäre total in Nico verknallt. Und das stimmt überhaupt nicht. Wenn Nico das sieht, glaubt er das wahrscheinlich auch noch, der Voll-idiot. Und dann ist da noch Julian, in den Leila wirklich verliebt ist. Was wird der jetzt denken? Falsche Behauptungen können das Leben ganz schön durcheinanderwirbeln.

Tratsch verbreitet sich über soziale Netzwerke blitzschnell.

Vom Knipsen und Zwitschern

:-o

Vier Netzwerke und ein Todesfall

Instagram

Was: Ist eine App, mit der du Fotos mit der Instagram-Gemeinschaft teilen kannst.

Wie geht's: Die anderen Instagramnutzer bewerten die Bilder und schreiben Kommentare.

Toll: Wenn deine Aufnahmen anderen gefallen, bekommst du viel Anerkennung. Das ermutigt dich, mehr Fotos zu machen.

Nicht so toll: Verführt dazu, mehr Fotos reinzustellen, als gut ist. Es könnten peinliche dabei sein oder solche, die du lieber nicht so vielen zeigen solltest. Im Internet treiben sich schließlich alle möglichen Menschen rum. Überleg dir also genau, welche Fotos du mit der Instagram-Gemeinschaft teilen möchtest.

Google+

Was: Ist ein soziales Netzwerk des Suchmaschinenbetreibers Google.

Wie geht's: Mit einer Google-Mailadresse anmelden und dann Texte oder Bilder posten oder die Mitteilungen von anderen kommentieren. Über verschiedene Kreis-Symbole stellst du genau ein, wer dein Posting lesen darf und wer nicht. Andere können dir „folgen". Sie sehen dann immer, was es Neues von dir gibt. Du kannst auch anderen „folgen".

Toll: Du kannst verschiedene Seiten von dir zeigen, Bilder posten oder liken wie auf Facebook.

Nicht so toll: Google+ ist komplizierter als Facebook und richtet sich eher an Erwachsene.

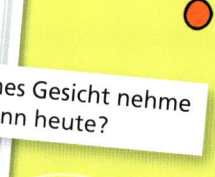

Welches Gesicht nehme ich denn heute?

Twitter

Was: Ist eine Mitteilungsplattform. Twittern heißt „zwitschern".

Wie geht's: Du hast nur 140 Zeichen für eine Mitteilung („Tweet"). Andere Teilnehmer können deinen Tweets „folgen", also alles lesen, was du schreibst. Oder du folgst anderen.

Toll: Probier mal aus, spannende Nachrichten zu schreiben, die nur 140 Zeichen lang sind. Es gibt sogar Kurzromane in dieser Form.

Nicht so toll: Viele Nutzer von Twitter denken, sie müssten immer und überall twittern, und sind deshalb gestresst. Und ständig belanglose Nachrichten zu lesen ist auch ganz schön langweilig. Wenn dich jemand mit seinen Tweets nervt, kannst du aufhören, ihm zu „folgen". Tippe oder klicke auf das Wort „Entfolgen". Fertig.

Pinterest Pinterest

Was: Ist ein soziales Netzwerk mit Schwerpunkt Bildern und Videos.

Wie geht's: Pinterest ist ein Wortspiel aus „pinnen" und „Interesse". Die Nutzer posten Bilder und kurze Filme über ihre Interessen. Hauptsächlich geht es dabei um Mode, Möbel oder Fotografie. Auch hier kannst du anderen folgen, und andere folgen dir.

Toll: Es ist einfach zu bedienen und gibt dir viele Anregungen.

Nicht so toll: Oft stammen die Bilder nicht von den Nutzern selbst. Wer aber fremde Bilder verwendet, kann richtig Ärger kriegen. Denn entweder wollen die Besitzer des Fotos nicht, dass es von anderen gezeigt wird, oder sie möchten Geld dafür.

Tod eines Netzwerks

SchülerVZ galt lange als das beliebteste Netzwerk in Deutschland unter Kindern und Jugendlichen. Schon Zehnjährige durften mitmachen und Erwachsene hatten keinen Zutritt. Angeblich gab es mal fünf Millionen Nutzer. Doch viele Mädchen und Jungen wechselten zu Facebook, weil das Netzwerk aus den USA den cooleren Ruf hatte und weil sie dort auch nach Abschluss der Schule bleiben konnten. Schließlich gab SchülerVZ auf: Ende April 2013 wurde das Netzwerk geschlossen.

HEY, willkommen bei JANA SUPERSTAR

Soziale Netzwerke für Stars

Hey, Leute, wie findet ihr meine Fingernails??

Herzlich willkommen!
Da bist du ja! Sorry, dass du erst auf Seite zwölf blättern musstest, bis du endlich bei meiner Homestory angekommen bist. Wir beide wissen doch, dass du das hier nur meinetwegen liest. Ich stehe voll auf Facebook und andere soziale Netzwerke, denn die sind interaktiv und das ist wichtig. Für uns alle. *Ich* komme so viel besser mit meinen Fans in Kontakt. Und *meine Fans* wissen, was ich gerade so mache, weil ich immer was poste, gerade eben zum Beispiel ein cooles Foto von meinen Fingernägeln. Neulich habe ich über Facebook einen Produzenten kennengelernt. Der will mir einen Plattenvertrag vermitteln. *Meine Fans* werden bestimmt alle meine erste CD kaufen. Und selbst wenn nicht: Wer viele Fans hat, ist einfach gefragt. Manchmal haben *meine Fans* auch ganz tolle Tipps. Neulich hat mir eine Fujii aus Japan eine echt coole Handtaschenfirma empfohlen. Shnibishi oder so, ein Geheimtipp. Die Tasche hat garantiert keine von diesen Zicken, die sonst so auf dem roten Teppich rumstöckeln. Mit Facebook und Twitter halte ich mir außerdem die nervigen Paparazzi vom Leib. Das machen jetzt alle Stars so. Wenn du selber Privatfotos veröffentlichst und ein bisschen was über dein Leben twitterst, dann sind heimliche Schnappschüsse nicht mehr so viel Geld wert und die Zeitschriften kaufen den Paparazzi die Aufnahmen nicht mehr ab. Langsam wird das mit Facebook und Twitter allerdings etwas stressig. Manchmal poste oder twitter ich nur was, weil ich denke, dass ich das *meinen Fans* schuldig bin. Ist vielleicht nicht immer das Gelbe vom Dings. Tja, sobald ich ein wenig berühmter bin, stelle ich mir einen eigenen Social Media Manager ein. So wie *Lady Gaga*. Der kümmert sich dann um das alles und ich hab endlich richtig Zeit für wichtige Dinge wie meine Haare und meine Fingernägel.

Es geht um die WURST
Soziale Netzwerke für Firmen

Wir produzieren die weltweit beste Wurst und das sollen möglichst viele wissen, um in den Genuss dieses einzigartigen Geschmackserlebnisses zu kommen. Wer einmal Winkys Wurst probiert hat, wird nichts anderes mehr wollen als Winkys Wurst. Dank Facebook und anderen sozialen Netzwerken wissen wir heute viel mehr über unsere Kunden als früher. Dafür brauchen wir nur ihre Posts zu lesen und sie zu fragen, was sie sich wünschen. Unser Konkurrent, der Wursthersteller „Rügenwalder Mühle", hat zum Beispiel zusammen mit Kunden, die sich bei Facebook als Experten bewarben, eine Wurst nach deren Rezeptideen entwickelt. Darüber wurde im Fernsehen, im Internet und in der Zeitung berichtet. Und je mehr über ein Produkt geredet wird, desto besser verkauft es sich. Tja, eine gelungene Maßnahme also. Außerdem wirken Firmen einfach cooler, wenn sie sich digital an Orten herumtreiben, an denen sich die Jugend aufhält. Über Facebook haben wir also den direkten Werbedraht zu den jüngeren Wurst-Fans. Und genau die wollen wir als Käufer gewinnen, denn die meisten unserer jetzigen Kunden sind schon über 40 Jahre alt. Und weil die Facebook-Nutzer sich als Fans von uns meist mit ihrem richtigen Namen anmelden, wissen wir dann auch, wer sie sind.

Eine tolle Sache also, bei der wir außerdem eine Menge Geld sparen, da wir selbst posten und dafür keine teure Werbeagentur beauftragen. Werbespots im Fernsehen, Radio oder Anzeigen sind viel teurer!

Ach ja, fast hätte ich es vergessen. Besonders praktisch ist der Schneeball-Effekt: Wenn ein Fan an einer unserer Verlosungen teilnimmt, dann erfahren das auch seine Facebook-Freunde und wollen vielleicht auch mitmachen. Heute hat die „Rügenwalder Mühle" über 130 000 Fans auf Facebook.

AKTIV AN DIE TASTEN

Soziale Netzwerke verändern die Welt

Einmischen

Menschen haben durch soziale Netzwerke mehr Möglichkeiten, ihre Meinung zu sagen, mitzureden oder mitzumachen. Und das tun sie – fast überall auf der Welt. Mit Hilfe von sozialen Netzwerken kamen zum Beispiel Revolutionen ins Rollen, Proteste und Demonstrationen wurden über Facebook und andere Netzwerke organisiert. Diese demokratische Möglichkeit der Mitbestimmung wird **politische Partizipation** genannt.

Demonstranten gehen im Januar 2011 in Kairo auf die Straße.

Unterdrückung in Ägypten

Die Proteste in den Jahren 2011 und 2012 in **Ägypten**, die schließlich zum Sturz der undemokratischen Regierung führten, wurden von einer Facebook-Gruppe namens „Jugend des 6. April" mit organisiert und gelenkt. Ihre Mitglieder posteten Bilder, die der ganzen Welt zeigten, wie brutal die Regierung gegen das Volk vorging. Viele Staaten gaben daraufhin öffentliche Erklärungen ab, in denen sie das Handeln der Regierung verurteilten. Das bestärkte die Gegner der Machthaber: Immer mehr Menschen protestierten. Am Ende trat die Regierung zurück.

Verboten

Über das Internet und hier besonders gut über die sozialen Netzwerke können Kritiker ihre Meinung verbreiten und Proteste gegen Regierungen organisieren. Machthaber,

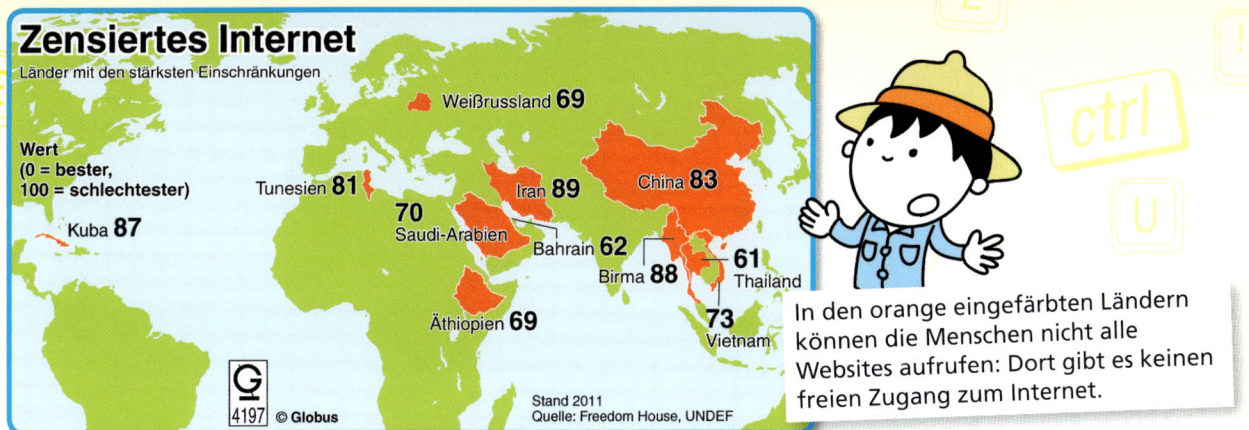

Zensiertes Internet
Länder mit den stärksten Einschränkungen

Weißrussland **69**

Wert
(0 = bester,
100 = schlechtester)

Tunesien **81**

Kuba **87**

70
Saudi-Arabien

Iran **89**

China **83**

Bahrain **62**

Birma **88**

61
Thailand

Äthiopien **69**

73
Vietnam

4197 © Globus

Stand 2011
Quelle: Freedom House, UNDEF

In den orange eingefärbten Ländern können die Menschen nicht alle Websites aufrufen: Dort gibt es keinen freien Zugang zum Internet.

die ihr Volk und die Meinungsfreiheit unterdrücken, wollen das verhindern. Deshalb betreiben sie **Zensur**: Sie lassen bestimmte Websites in ihrem Land sperren, die dann dort nicht mehr einsehbar sind. Nur vom Staat genehmigte Websites bleiben zugänglich. Facebook und sehr viele andere gehören nicht dazu, sie sind in dem Land nicht mehr erreichbar. Im Iran wurde sogar eine „Smart Card" als neuer Personalausweis eingeführt. Nur wer sich damit registriert, kommt ins Internet. So kann der Staat genau überwachen, wer welche Websites besucht.

Facebook mit organisiert, außerdem diskutierten die Teilnehmer in den Gruppen, die in dem sozialen Netzwerk gegründet wurden, über den Bau und die Protestaktionen. Dann geschah etwas Neues: Nicht nur die Bahnhofsgegner nutzten Facebook, sondern auch die Befürworter: Sie gründeten eigene Pro-Bahnhofsgruppen, um ihre Sichtweise zu verbreiten. Verloren haben am Ende Befürworter und Gegner: Bei der nächsten Landtagswahl scheiterte die bisherige Regierung. Der Bahnhof wird aber gebaut, denn bei einer Volksbefragung unter allen wahlberechtigten Bürgern Baden-Württembergs (zu dem Bundesland gehört Stuttgart) stimmten die meisten dafür.

Gegner von Stuttgart 21 demonstrieren vor dem Hauptbahnhof.

Neuer Bahnhof – ja oder nein?
In Deutschland protestierten 2010 und 2011 viele Zehntausende Menschen gegen den Bau eines neuen Bahnhofs in Stuttgart. Er sei zu teuer und würde die Umwelt zerstören, meinten sie. Der Protest wurde über

PIRATEN PARTEI

Was machen die Piraten?
Zwei wichtige Forderungen der **Piratenpartei** sind Offenheit (Transparenz) in der Politik und eine starke Mitbestimmung für alle Bürger. Um diesen Forderungen selbst nachzukommen, legt die Partei großen Wert darauf, Facebook und Twitter zu nutzen. Weil aber so viele in der Piratenpartei mitreden, werden aus öffentlichen Diskussionen schnell öffentliche Streitereien.

RAT UND TAT BEIM ANMELDEN

Hilfe

Doktor Robo Klickermann, der große Facebook-Versteher, beantwortet die häufigsten Fragen ?

Andi, 13:
Was brauche ich, um mich bei Facebook anzumelden?

Du brauchst einen **Internetzugang und eine eigene E-Mail-Adresse.** Am besten bittest du deine Eltern, bei der Anmeldung dabei zu sein. Bei Problemen können sie dir helfen.

Karo, 12:
Soll ich meinen echten Namen nehmen?

Wenn du deinen echten Namen benutzt, können dich zwar deine Freunde besser finden, aber leider auch wildfremde Leute. Bei einem falschen oder leicht abgeänderten Namen kann das nicht passieren. Ein Spitzname wie Charly Parly oder Muni Minu hat den Vorteil, dass ihn deine Freunde und Klassenkameraden kennen und dich darum trotzdem finden.

Bei einem guten falschen Namen weiß ein Fremder nicht mal, ob du ein Junge oder ein Mädchen bist. Facebook verlangt allerdings, dass du deinen echten Namen angibst.

Und ein deutsches Gericht hat Facebook in dieser Forderung Recht gegeben. Deshalb darf das Netzwerk verdächtige Scheinnamen löschen und damit auch die dazugehörenden Seiten.

Hilfe

Erik, 13:
Muss ich alle Felder in der Anmeldung ausfüllen?

Nein, **gib nur das Nötigste an.** Viele Informationen sind nicht für die Öffentlichkeit bestimmt, sondern sie sind privat, das heißt, allein deine Sache. Alles, was du bei Facebook preisgibst, ist öffentlich, dadurch können auch Fremde davon erfahren. Das ist umso wahrscheinlicher, je mehr Freunde du hast, denn dann verlierst du schnell den Überblick. Wenn du zu viele Freunde deiner Freunde deiner Freunde als deine Freunde akzeptiert hast, weißt du irgendwann bestimmt nicht mehr, wer eigentlich alles deine Nachrichten mitliest und deine Fotos sieht.

So erfahren vielleicht Fremde Dinge, die sie überhaupt nichts angehen.

Pieter, 12:
Soll ich mein wahres Alter angeben?

Das ist besser, denn **Facebook schützt Jugendliche mit ein paar Einstellungen mehr als Erwachsene.** Jugendliche werden zum Beispiel nicht über Google und andere Suchmaschinen gefunden. Bei Facebook darfst du erst ab 13 Jahren mitmachen. Facebook hat zwar angekündigt, das Einstiegsalter zu senken. Wann das passiert, weiß aber niemand. Besprich deinen Wunsch, dich anzumelden, auf jeden Fall mit deinen Eltern.

Steck den Kopf nicht in den Sand, sondern kümmere dich um deine Privatsphäre-Einstellungen.

Lea, 14:
Kann ich als Passwort einfach meinen Namen und mein Geburtsdatum nehmen?

Mira, 14:
Wie wichtig sind die Sicherheitseinstellungen? Muss ich da was einstellen?

Nein, das ist keine gute Idee! Die meisten Menschen nehmen ihren eigenen Namen oder den der Eltern oder Freunde. Aber überlege mal, wie viele Leute dein Geburtsdatum kennen. So ein Passwort ist sehr schnell zu knacken. Wer das schafft, kann in deinem Namen Sachen behaupten, lügen und andere beschimpfen. Oder auch Dinge im Internet bestellen, die du dann bezahlen sollst. Ein Passwort ist wie ein Hausschlüssel, und den lässt du ja auch nicht außen in der Tür stecken. **Ein gutes Passwort hat Sonderzeichen, Zahlen, Groß- und Kleinbuchstaben.** Damit du es dir merken kannst, überlege dir ein System: Nimm zum Beispiel die Vorwahl deiner Stadt, dein Lieblingsessen und ein Sonder- zeichen. Bau dir daraus ein Passwort, etwa P#0i4#z4#z0#a. Dieses Passwort solltest du natürlich nicht nehmen, denn das kennen ja nun alle Leser. Und noch ein Tipp: Speicher Passwörter nicht auf dem Rechner, deinem iPod oder deinem Smartphone. Dort können Hacker sie entdecken. Hacker sind Menschen, die über das Internet unerlaubt in deinen Rechner, dein Smartphone oder deinen iPod einbrechen. Besser aufgehoben sind Passwörter auf einem Zettel. Den kannst du dann zusammen mit anderen wichtigen Unterlagen in einem Ordner abheften.

Sicherheitseinstellungen sind superwichtig! Und ja, du musst Dinge einstellen, um dein Profil zu schützen! Das ist ähnlich wie mit der Tür und dem Fenster in deinem Zimmer. Sind Tür und Vorhang zu, kann niemand sehen, wie du in Unterhose herumläufst. Auch bei Facebook brauchst du einen Bereich, den du so gut es geht absicherst, damit dir niemand zu nahe kommt. Am besten holst du deine Eltern dazu, um dir zu helfen. Klick dann auf das kleine Schloss oben neben deinem Namen auf deiner Profilseite und wähle dort unter **„Wer kann meine Inhalte sehen?"**

Wie stark dein Passwort ist, kannst du auf der Webseite https://review.datenschutz.ch/passwortcheck/check.php prüfen, indem du ein Passwort eingibst, das deinem ähnelt. Nimm nicht dein Passwort, denn auch auf dieser Website sind Hacker unterwegs.

„Benutzerdefiniert" an und dann
„Bestimmte Personen oder Listen".
In das Feld darunter schreibst du die Namen
deiner Freunde, die all deine Posts sehen
dürfen.
Danach klickst du auf **„Wer kann mich
kontaktieren"**. Entscheide dich für **„Strenges
Filtern"**. Beim **letzten Punkt wähle „Freunde
von Freunden"** (nicht „Alle"!). Eine ausführ-
liche Anleitung mit Bildern und Tipps findest
du unter **www.klicksafe.de/facebook**.
Kontrolliere deine Privatsphäre-Einstellungen
regelmäßig, denn Facebook und
andere Netzwerke verändern häufig die
Einstellungsmöglichkeiten.

**Eddi, 12:
Worauf muss
ich bei meinem
Profilbild
achten?**

Wer kein Foto einstellt, muss mit diesem
langweiligen blaugrauen Scherenschnitt
auskommen. Du solltest aber bedenken,
dass dein Profilfoto alle sehen können, die
bei Facebook nach dir suchen. Wähle deshalb
lieber ein Foto von einem Gegenstand, der
dir am Herzen liegt, oder deinem Haustier.
Oder du nimmst ein Foto von dir, auf dem
nur deine Umrisse oder dein Schatten zu
sehen sind. Oder du setzt dir eine coole und
möglichst riesige Sonnenbrille auf.

Emmi Wulff
112 Freunde

✓ **Freunde**

Schon gelesen?

So geht posten ohne Gefahr

Auf der Startseite

Auf Facebook hast du unterschiedliche Möglichkeiten, etwas mitzuteilen (englisch: *posten*):

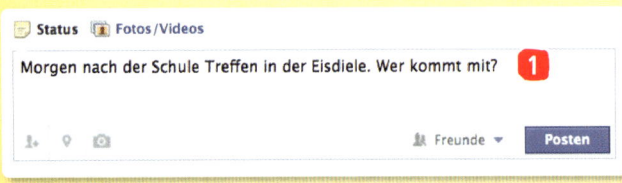

Du kannst **texten**, also einen Spruch, eine Frage oder eine Aufforderung an deine Facebook-Freunde in die sogenannte **Statuszeile (1)** eintippen.

Du kannst aber auch **Bilder** und **Filme** posten. Dazu musst du nur auf das Feld „Fotos/Videos" klicken und schon kannst du ein Bild oder einen Film hochladen **(2)**. Etwas dazuschreiben geht natürlich auch. Aber Achtung: Was mit den geposteten Bildern passiert und wer sie alles sehen kann, hast du nicht unter Kontrolle. Schließlich ist jeder Facebook-Freund in der Lage, so ein

Bild von dir zu kopieren. Dann sehen es auch Freunde der Freunde und die könnten das Bild auch wieder kopieren.

Schränke bei den Sicherheitseinstellungen (siehe Seite 19) den Kreis derjenigen ein, die deine Postings (auch: Posts) lesen dürfen, denn sonst sind deine Nachrichten erst mal öffentlich – alle auf Facebook können sie sehen. Das ist nicht gut, weil es Fremde einfach nichts angeht, was bei dir gerade so los ist. Darum musst du genau **einstellen, wer deine Nachricht lesen darf.** Das machst du im **Dreieck neben dem Posten-Feld (3)**. Klick erst **„Benutzerdefiniert"** an und dann **„Bestimmte Personen oder Listen".** In dem Feld darunter suchst du die Freunde aus, die deine Nachricht sehen dürfen. Prüfe vor dem Posten unbedingt immer noch mal, ob du das Geschriebene auch wirklich so meinst und es mitteilen willst.

Nicht alles posten!

In jedem Posting kannst du angeben, wo du bist und mit wem du zum Beispiel gerade in der Eisdiele sitzt. Aber ganz im Ernst: Das geht echt niemanden etwas an! Unter Umständen könnten das schließlich auch Wildfremde sehen und zum Beispiel in deiner Abwesenheit bei dir einbrechen.

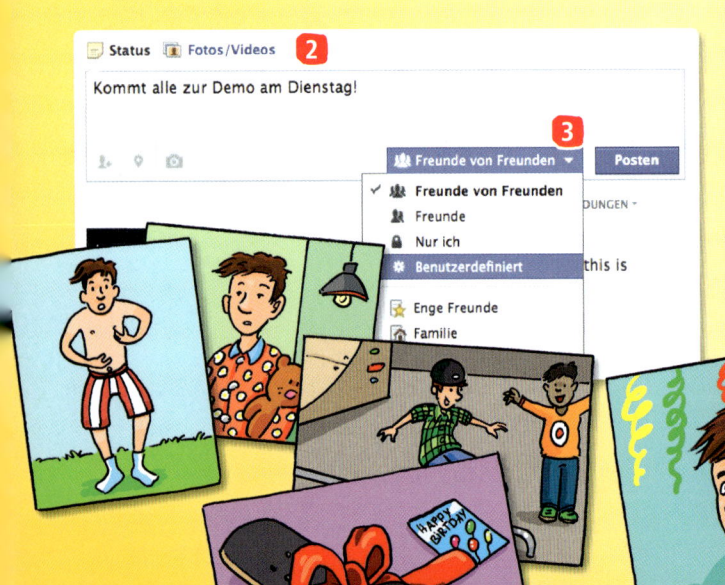

Willst du das wirklich posten, Eddi???

20

Das solltest du nicht posten

- Beschimpfungen, Lästereien, Drohungen oder Kränkungen
- Missverständliche Witze
- Blöde Geschichten über andere
- Private Fotos von dir, zum Beispiel in Unterwäsche oder im Bikini – oder welche, auf denen du dich zum Idioten machst
- Fotos von anderen ohne ihr Wissen
- Fotos, die andere verspotten
- Fotos aus dem Internet, es sei denn, du bist dir 100-prozentig sicher, dass die Besitzer der Bilder kein Geld dafür wollen, wenn du sie postest. Viele Fotos im Internet dürfen nur gegen Bezahlung verwendet werden.

ctrl

Wenn dich jemand nervt, zeigst du ihm die rote Karte.

Fehler gemacht?

Wenn du zu früh auf „posten" geklickt hast, kannst du im Nachhinein noch schnell einstellen, **wer das Posting lesen darf (4)**. Und du hast auch die Möglichkeit, deine Nachricht zu **löschen (5),** wenn sie dir nicht mehr gefallen sollte.

← Startseite

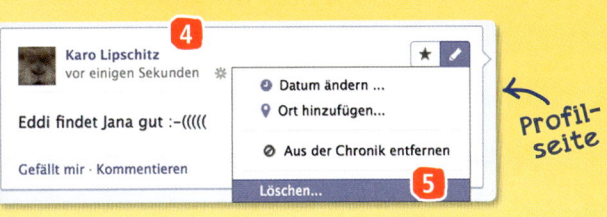

Profil-
seite

Wie du am besten gegen Facebook-Spinner vorgehst

1. Wenn du die Person gut kennst, die was Blödes gepostet hat, rede erst mal mit ihr und bitte sie, den Eintrag zu löschen.

2. Sichere Beweise: Mach einen Screenshot. Beim PC geht das mit der Taste Druck und dann mit der Taste STRG. In den Programmen Word oder Paint fügst du den Screenshot mit den Tasten STRG und V ein. Beim Mac drückst du gleichzeitig die Hochstelltaste Shift, CMD und die Zahl 3. Das Bild ist dann mit Datum und Uhrzeit auf deinem Desktop. Das hilft, falls ihr zur Polizei geht.

3. Wenn das blöde Posting nach dem Gespräch nicht gelöscht wird oder du gar nicht weißt, wer es geschrieben hat, hole Hilfe. Rede mit deinen Eltern oder mit jemand anderem, dem du vertraust. Wer mobbt, kann dafür angezeigt und bestraft werden.

4. Über die Funktion **„Meldung oder Spam melden" (6)** auf deiner Startseite kannst du dich beschweren. Klick einfach auf den Pfeil unter dem Nachrichtenfeld und schon klappt die Leiste mit dem Feld auf.

Wer darf das sehen?

Die wichtigsten Einstellungen bei Facebook

▶ Teilen ↺

Karo hat ein Video mit zwei Bärenkindern gepostet, das sie selbst im Zoo gedreht hat. Eddi findet den Clip so gut, dass er auf **„teilen" (1)** klickt. Nun können auch seine Freunde das Video anschauen. Wenn die Freunde das Video ebenfalls teilen, verbreitet sich der Film im Schneeballsystem weiter und sehr viele Menschen sehen ihn – wer und wie viele genau, hast du nicht mehr unter Kontrolle. Überleg dir also gut, was du teilen willst. Geteilte Inhalte kannst du später nicht mehr löschen!

▶ Kommentieren ↺

Karo hat ein Video von der Sängerin Lala Tralala gepostet. Ein paar Facebook-Freundinnen schreiben fröhliche **Kommentare** dazu **(2)**, Eddi aber hat Karo Konzertkarten geschenkt und notiert darum unter ihr Posting: „Freu mich auf dich!" Auch diesen Kommentar lesen jetzt alle Facebook-Freunde von Karo. Außerdem sehen ihn Eddis Facebook-Freunde und die Freunde seiner Freunde. Jetzt wissen alle, dass er sich auf Karo freut. Auch wenn das vielleicht nur Karo wissen sollte.

▶ Chat und Nachrichten ↺

Auf deiner Profilseite kannst du mit deinen Facebook-Freunden **chatten** oder ihnen **mailen.** Um zu chatten, tippe einfach den Namen des Freundes, mit dem du dich unterhalten willst, in das Suchfenster unten. Wer deiner Freunde gerade online ist, erkennst du an dem grünen

Wenn sich Menschen auf der ganzen Welt das Bären-Video anschauen, ist das nicht schlimm. Ganz anders sähe die Sache aus, wenn in dem Video zu sehen wäre, wie dir gerade etwas Superpeinliches passiert.

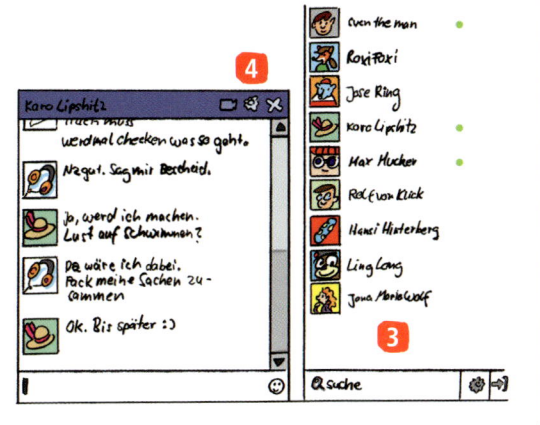

Punkt rechts neben dem Namen auf der **Chatleiste (3).** Aber auch denen, die offline sind, kannst du auf die gleiche Weise schreiben. Sobald sie sich wieder einloggen, sehen sie deine Nachricht. Du kannst auch mit mehreren Freunden gleichzeitig chatten, klicke dafür in dem Feld für deine Nachricht auf das **Zahnradsymbol (4)** und wähle den Punkt **„Freunde zum Chat hinzufügen"** aus. Was du im Chat oder als Nachricht schreibst, kann nur derjenige lesen, mit dem du dich unterhältst. **Das unterscheidet die Funktion vom Posten.** Trotzdem solltest du dir auch hier genau überlegen, was du so alles tippst. Eine Lästerei kann zum Beispiel kopiert und hinter deinem Rücken an andere gesendet werden.

▶ Markieren

Wenn jemand aus deiner Klasse ein Gruppenfoto postet, kann er jeden auf dem Bild **markieren,** nachdem er die jeweilige Person auf dem Foto angeklickt hat. Dadurch verlinkt er jeden auf dem Foto mit dessen Profil. Das ist nicht gut. Denn wenn ein Fremder (ein Freund deiner Freunde) das Foto sieht, kennt er deinen Namen. Du solltest niemanden markieren, ohne ihn vorher zu fragen. Jeder kann auf einem Bild markiert werden. Richtig gemein wird es, wenn jemand auf einem peinlichen Foto markiert wird. Das Markieren auf Fotos funktioniert sogar bei Leuten, die gar nicht bei Facebook angemeldet sind. Die ahnen dann nicht einmal was davon. Du dagegen kannst dir anzeigen lassen, wenn dich jemand auf einem Foto markieren will: Wähle dafür bei deinen Privatsphäre-Einstellungen (siehe S. 19) **„Weitere Einstellungen anzeigen"**. Dann klicke links auf **„Chronik und Markierungen"** und aktiviere unter **„Wie kann ich Markierungen verwalten?"** den Punkt **„Möchtest du die Markierungen überprüfen"**. Wenn dich jemand ohne deine Erlaubnis auf einem peinlichen Foto markiert hat, dann melde das Bild bei Facebook. Um eine Markierung zu melden, klickst du unter dem Bild auf **„Optionen"** und dann auf **„Markierung melden/entfernen"**.

Wenn du auf einem Foto markiert wirst, bist du schnell bekannt wie ein bunter Hund – ob du es willst oder nicht.

In den Niederlanden hat ein Mädchen versehentlich eine öffentliche Einladung zu ihrem 16. Geburtstag verschickt und mehr als 3000 Gäste kamen. Die „Party" geriet außer Kontrolle, Menschen wurden verletzt, ein Auto angezündet und Geschäfte aufgebrochen.

I LIKE PARTYS

Einladungen, „Gefällt mir", Abmelden

▶ Einladungen

Freunde über Facebook zu einer Party **einzuladen** oder sich mit ihnen zu einem Konzert oder Fußballspiel zu verabreden ist praktisch, weil die meisten schnell reagieren und du weißt, wer von ihnen zusagt oder wer absagt. Mit dieser Funktion solltest du dich aber gut auskennen, bevor du sie nutzt! So bist du vor einem Misserfolg sicher:

Geh auf deine Startseite. Dort klickst du auf **Veranstaltungen (1)** und dann auf **„+Veranstaltung erstellen" (2).** Wähle bei dem Punkt **„Privatsphäre"** unbedingt **„Nur für eingeladene Gäste"** aus und nimm das **Häkchen aus dem Feld „Gäste können Freunde einladen" raus!** Anschließend gehst du unten auf den Link **„Freunde einladen"** und wählst deine Gäste aus.

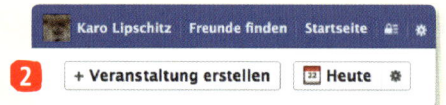

▶ „Gefällt mir"

Zu der Funktion gehört das Daumen-nach-oben-Zeichen. Das siehst du zum Beispiel beim **Gefällt-mir-Feld** unter einem Kommentar. Mit „Gefällt mir" kannst du ganz Unterschiedliches ausdrücken:

▶ Ich mag dein Posting, die Band, den Film oder ein bestimmtes Produkt.

▶ Ich sehe das genauso.

Wenn du den Gefällt-mir-Button verwendest, bekommen das deine Freunde und die Freunde deiner Freunde mit. Außerdem merkt sich Facebook, was dir gefällt. Überleg dir also gut, was alle erfahren können, bevor du auf den Button klickst. Wenn du unsicher bist, lass es lieber. Wenn du „Gefällt mir" angeklickt hast, aber deine Meinung änderst, kannst du das durch einen Klick auf den Daumen wieder

In manchen Facebook-Versionen gibt es noch ein „Gefällt mir nicht mehr"-Feld.

zurücknehmen. Mehr über die Tücken der Gefällt-mir-Funktion erfährst du auf Seite 27.

▶ Abmelden ↻

Vor allem wenn noch andere den Computer benutzen, solltest du dich jedes Mal bei Facebook abmelden, nachdem du auf deinem Profil warst. Denn ein beliebter Scherz unter Schülern ist es, bei offenen Facebook-Seiten in deinem Namen dummes Zeug zu posten. Jeder bei Facebook denkt dann, dass du den Unsinn verzapft hast. Benutze also zum Abmelden das kleine **Zahnrad (4).** Auf der Leiste, die sich dann öffnet, gehst du auf „Abmelden". Willst du Facebook wieder nutzen, gibst du deinen Profilnamen und dein Passwort ein.

▶ Profil deaktivieren oder löschen ↻

Wenn du nur mal eine Pause von Facebook machen möchtest, gehe auf das **Zahnrad (4)** und dann auf **„Kontoeinstellungen".** Wähle jetzt auf der linken Seite **„Sicherheit"** an und gehe ganz unten auf **„Deaktiviere dein Konto".** Nun ist deine Chronik verschwunden. Wenn du wieder Lust auf Facebook hast, kannst du dich einfach mit deinem alten Namen und dem alten Passwort anmelden.

Dein Facebook-Konto zu löschen ist kompliziert. Deine Eltern sollten dir dabei helfen. Eine genaue Anleitung findest du unter: **http://www.klicksafe.de/themen/kommunizieren/facebook/facebook-konto-loeschen-oder-deaktivieren/**

Nach dem Löschen darfst du mindestens zwei Wochen lang nicht versuchen, dich bei Facebook anzumelden. Auch nicht um zu prüfen, ob dein Konto wirklich gelöscht ist. Denn dadurch machst du das Löschen rückgängig. Warte mit dem Prüfen, bis dir Facebook das Löschen per Mail bestätigt hat.

Erst denken, dann tippen

Interview mit der Medienpädagogin Gudrun Melzer

Gudrun Melzer warnt davor, zum gläsernen Facebook-Mitglied zu werden. Sie ist Medienpädagogin und arbeitet bei klicksafe, der EU-Initiative für mehr Sicherheit im Netz.

Explorer: Frau Melzer, sind Sie bei Facebook?

G.M.: Ich bin sogar bei mehreren sozialen Netzwerken angemeldet – auch bei Facebook. Schließlich will ich ja Kinder, Jugendliche, aber auch Eltern und Lehrer so gut wie möglich dabei unterstützen, diese Webseiten

sicher zu nutzen. Und das geht nur, wenn ich mich da auskenne. Soziale Netzwerke bieten viele Möglichkeiten, zum Beispiel kann man sich gut mit anderen austauschen. Allerdings gibt es auch einige Fallstricke.

Explorer: Welche Fallstricke denn?

G.M.: Leider missbrauchen manche Nutzer soziale Netzwerke dazu, gemeine, stumpfsinnige und sogar verbotene Inhalte zu verbreiten. Rechtsradikale rufen zum Beispiel

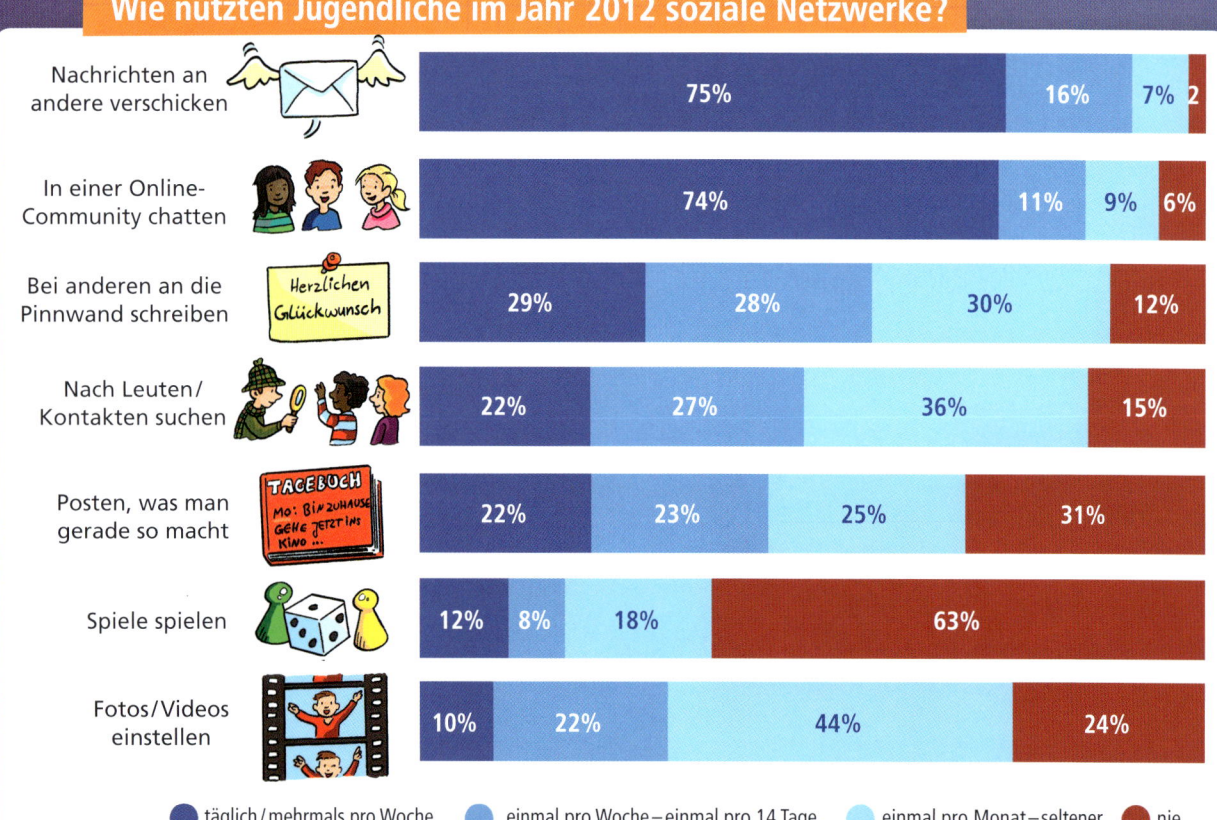

Wie nutzten Jugendliche im Jahr 2012 soziale Netzwerke?

	täglich/mehrmals pro Woche	einmal pro Woche–einmal pro 14 Tage	einmal pro Monat–seltener	nie
Nachrichten an andere verschicken	75%	16%	7%	2
In einer Online-Community chatten	74%	11%	9%	6%
Bei anderen an die Pinnwand schreiben	29%	28%	30%	12%
Nach Leuten/Kontakten suchen	22%	27%	36%	15%
Posten, was man gerade so macht	22%	23%	25%	31%
Spiele spielen	12%	8% / 18%		63%
Fotos/Videos einstellen	10%	22%	44%	24%

Quelle: JIM 2012

manchmal dazu auf, Ausländer zu hassen. Oder User versuchen andere fertigzumachen – das nennt man Cyber-Mobbing. Bei solchen Aktionen solltest du auf keinen Fall mitmachen. Wenn du mitbekommst, dass so eine Gemeinheit passiert, meldest du die Täter am besten dem Netzwerk. In den Netzwerken gibt es dafür Melde-Buttons. Sprich außerdem noch mit deinen Eltern oder mit einem Erwachsenen, dem du vertraust. Ein weiteres wichtiges Thema bei sozialen Netzwerken ist der Umgang mit deinen persönlichen Daten (zum Beispiel deinem Vor- und Nachnamen, deiner Handynummer oder Bildern von dir).

Auf deiner Profilseite werben Unternehmen für ihre Produkte. Dafür bezahlen sie Facebook Geld.

Explorer: Und was passiert bei Facebook mit meinen Daten?

G.M.: Wenn du eine Marke oder ein Produkt, zum Beispiel Nutella oder Nike, über den Facebook-Like-Button anklickst, speichert Facebook diese Information, und zwar ohne dich davor noch mal um Erlaubnis zu fragen. Außerdem speichert Facebook, was du in deiner Chronik verraten hast. Dieses Wissen ist viel wert! Facebook nutzt es zum Beispiel, um Werbung für Produkte an deine Facebook-Freunde zu senden: etwa für den Kinofilm, den du gerade auf Facebook geliked hast. Deine Facebook-Freunde erfahren davon. Das könnte sie dazu verleiten, sich

den Film auch im Kino anzuschauen. Es ist ja ein bisschen so, als hättest du ihn persönlich empfohlen.

Explorer: Aber was ist daran schlimm?

G.M.: Vielleicht schwärmst du heute für den Film oder einen bestimmten Sänger, bald aber nicht mehr – oder deine Schwärmerei ist dir sogar peinlich. Trotzdem bleiben deine Postings dazu gespeichert, solange du sie nicht löschst oder zumindest unsichtbar schaltest. Das geht bei Facebook über das Aktivitätenprotokoll.

Außerdem können andere Nutzer Informationen über dich missbrauchen und zum Beispiel Bilder, auf denen du zu sehen bist, verändern und veröffentlichen. Dann sitzt dein Kopf vielleicht plötzlich auf dem Körper von Obelix und jeder kann sich das Bild im Internet ansehen. Deine Handynummer kann auch dazu missbraucht werden, dich zu mobben. Deshalb solltest du sie nicht freigeben.

Explorer: Wie kann ich denn sonst auf meine Daten aufpassen?

G.M.: Indem du dir bei jedem Post und bei jedem Anklicken des Gefällt-mir-Buttons genau überlegst, was andere Nutzer und das Unternehmen Facebook über dich erfahren dürfen. Falls du die Gefällt-mir-Funktion unbedingt nutzen möchtest, leg zumindest vorher bei den Sicherheitseinstellungen genau fest, wer die Angaben lesen darf.

Sicher ist Sicher

Mehr zu den Sicherheitseinstellungen findest du auf Seite 19.

Hilfe!
Ich bestehe nur noch aus Facebook!

Aus dem Tagebuch eines Abhängigen

Ich stehe auf Facebook.

Noch vor dem Aufstehen schnappe ich mir mein iPhone und schaue nach, ob jemand in der Nacht etwas gepostet hat. Dann grüße ich meine 786 Freunde. Beim Frühstück sehe ich nach, wer das so liked. Und auch danach bin ich praktisch ständig und überall auf Facebook: auf dem Schulweg, in der Straßenbahn, in der Schule (nicht nur in der Pause), auf dem Heimweg, in meinem Zimmer, auf dem Klo, bei Freunden - und so weiter. Bevor ich einschlafe, werfe ich noch einen letzten Blick drauf. Na und, habe ich bis vor Kurzem gedacht, ist doch cool. Aber inzwischen werde ich total kribbelig, wenn ich ein paar Minuten nicht reinschaue. Ich fühle mich dann irgendwie von meinen Freunden abgeschnitten. Besonders wenn ich etwas poste, muss ich ständig kontrollieren, ob jemand drauf reagiert hat. Wer meine Postings mag, mag auch mich. Viele Likes finde ich also richtig gut. Das Schlimme ist aber, dass ich mich auf einmal so fühle, als würde ich nur noch aus Facebook bestehen. Wenn ich zum Beispiel was Tolles erlebe, freue ich mich nicht mehr, sondern denke gleich so was wie „Das wäre ein guter Post". Das ist, als ob Facebook sich in meinem Kopf eingeloggt hat. Guter Satz eigentlich. Könnte ich glatt posten, oder?

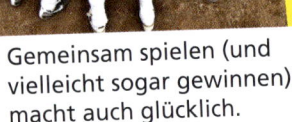

Gemeinsam spielen (und vielleicht sogar gewinnen) macht auch glücklich.

Wie Glücksgefühl und Abhängigkeit zusammenhängen

Glücksgefühle entstehen im Gehirn durch positive Reize. So ein Reiz kann der Sieg bei einem Computerspiel sein, aber eben auch ein „Like" in einem sozialen Netzwerk. Besonders für Menschen, die in ihrem Leben nicht so viel Anerkennung bekommen haben oder andere schlechte Erfahrungen machen mussten, kann dieses starke positive Gefühl sehr wichtig sein. Dann sind sie versucht, sich dieses Gefühl immer öfter zu verschaffen. Nach einer Weile nutzt sich aber der Effekt ab und das Gehirn braucht immer mehr des gleichen Reizes, um das ursprüngliche Glücksgefühl wieder herzustellen. Deshalb verbringen vom Internet abhängige Menschen mehr und mehr Zeit mit sozialen Netzwerken. Essen, Schlaf, Schule und echte Freunde spielen kaum noch eine Rolle. Wem es so geht, der braucht Hilfe!

Hilfe holen!

Wenn du verzweifelt bist, dann bitte deine Eltern oder andere Vertraute um Hilfe. Du kannst dich auch an Menschen wenden, die in der Suchtvorbeugung arbeiten. Sie setzen sich dafür ein, Sucht zu verhindern, und kennen sich mit dem Thema gut aus. Nähere Informationen findest du im Internet unter „Suchtprävention" und deinem Wohnort oder unter **www.ins-netz-gehen.de/lass-dir-helfen/hilfs-und-beratungsangebote-vor-ort**.

Auch die Internet-Adresse **www.nummergegenkummer.de** hilft dir weiter. Du kannst die **kostenfreie Telefonnummer 0800 111 0 333** anrufen und dich von Jugendlichen beraten lassen. Das geht auch anonym per E-Mail, wenn du dich auf der Website angemeldet hast.

Wie du wieder unabhängig wirst

Langsam abgewöhnen

Setze dir feste Zeiten für soziale Netzwerke oder lege mit deinen Eltern gemeinsam fest, wann das Internet zu Hause aktiviert ist. Du kannst ihnen auch deinen Computer und deinen iPod geben. Die Geräte bekommst du nur zu den vereinbarten Zeiten zurück. Bestimmt entdeckst du in der Internet-freien Zeit wieder andere Dinge, die dir Spaß machen.

Echte Freunde

Greife doch lieber zum Hörer und rufe einen Freund an oder, noch besser, triff dich mit ihm anstatt zu chatten!

Gönn dir was Tolles nach einer Woche ohne Internet. Eine Herausforderung meisterst du viel leichter, wenn eine Belohnung winkt.

Selbst erleben, nicht posten!

Pleiten, Pech und Pannen

▶ Die größten Facebook-Fehler

Äh, verwechselt

Vor ein paar Wochen wollte Karo ihrer besten Freundin Lilly verraten, dass sie in Eddi verknallt ist. Dabei hatte sie nur leider Posten und Chatten verwechselt. Im Chat liest nur die Freundin ihre Nachricht, beim Posten alle Facebook-Freunde. Auch Eddi. Peinlich, peinlich.

Vergessen, wer mitliest

Jana präsentiert auf Facebook ihre neusten Einkäufe gleich mit Fotos: neue Ohrringe und ein paar schicke Ballerinas (nur 5 Euro!). Viele Freunde klicken auf „gefällt mir". Dumm nur, dass sie während der Schulzeit shoppen war und direkt vor Ort die Fotos gepostet hat. Und noch dümmer, dass ihre Lehrerin Frau Olthoff und auch ihre Eltern ihre Facebook-Freunde sind. Oh, oh.

Auf das falsche Video geklickt

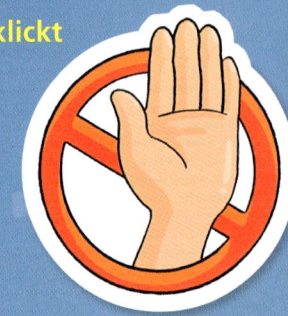

Manchmal gibt es tolle Videos oder andere witzige Sachen bei Facebook. Doch wenn du da draufklickst, wirst du gebeten, den Zugriff auf deine Facebook-Daten zu erlauben. Das ist keine gute Idee. Denn dann sollen dich die Bilder und Videos nur dazu bringen, deine Daten preiszugeben. Lass dich nicht erpressen.

Zu viele Leute eingeladen

Wer über Facebook seine Freunde zu einer Party einlädt, sollte bedenken, dass die Freunde wiederum ihre Facebook-Freunde einladen könnten. Durch dieses Schneeballsystem wird eine Feier schnell gesprengt. Dann wollen vielleicht 4000 Menschen an deine Würstchen und den Kartoffelsalat.